Impressum
Verlag: BABADADA GmbH, Nedderfeld 112 , 22529 Hamburg
Geschäftsführer / Verlagsleitung: Harald Hof
Druck: Books on Demand GmbH, In de Tarpen 42, 22848 Norderstedt

Imprint
Publisher: BABADADA GmbH, Nedderfeld 112 , 22529 Hamburg, Germany
Managing Director / Publishing direction: Harald Hof
Print: Books on Demand GmbH, In de Tarpen 42, 22848 Norderstedt

學校

skola

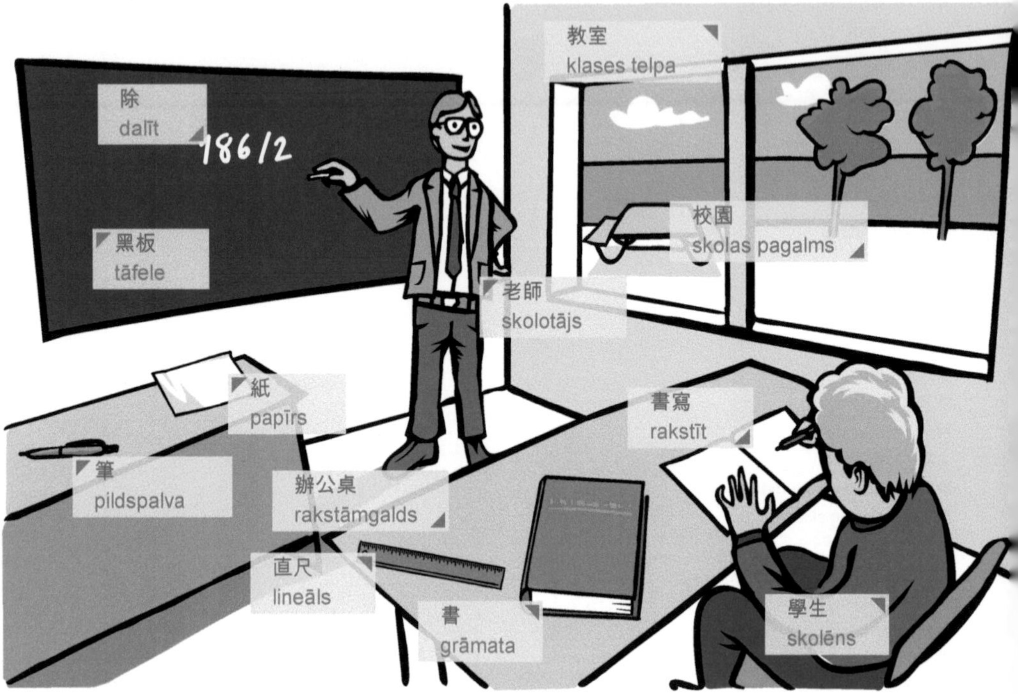

教室
klases telpa
除
dalīt
186/2
黑板
tāfele
校園
skolas pagalms
老師
skolotājs
紙
papīrs
書寫
rakstīt
筆
pildspalva
辦公桌
rakstāmgalds
直尺
lineāls
書
grāmata
學生
skolēns

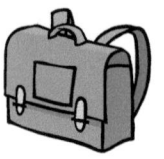

書包

skolas soma

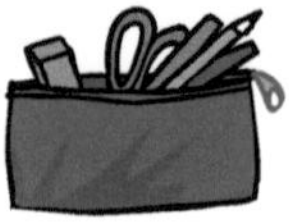

鉛筆盒

penālis

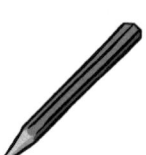

鉛筆

zīmulis

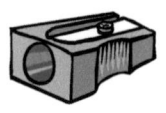

削鉛筆機

zīmuļu asināmais

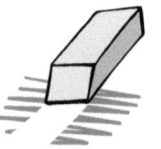

橡皮擦

dzēšgumija

畫板

zīmēšanas bloks

圖畫
zīmējums

畫筆
ota

顏料盒
krāsas

剪刀
šķēres

膠水
līme

練習冊
darba burtnīca

家庭作業
mājas darbs

數字
skaitlis

加
saskaitīt

減
atņemt

乘
reizināt

計算
rēķināt

字母
burts

ABCDEFG
HIJKLMN
OPQRSTU
VWXYZ

字母表
alfabēts

hello

字
vārds

課文

teksts

讀

lasīt

粉筆

krīts

上課

mācību stunda

登記

žurnāls

考試

eksāmens

證書

liecība

校服

skolas forma

教育

izglītība

百科全書

enciklopēdija

大學

universitāte

顯微鏡

mikroskops

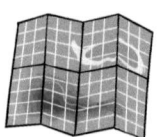

地圖

karte

廢紙簍

papīrgrozs

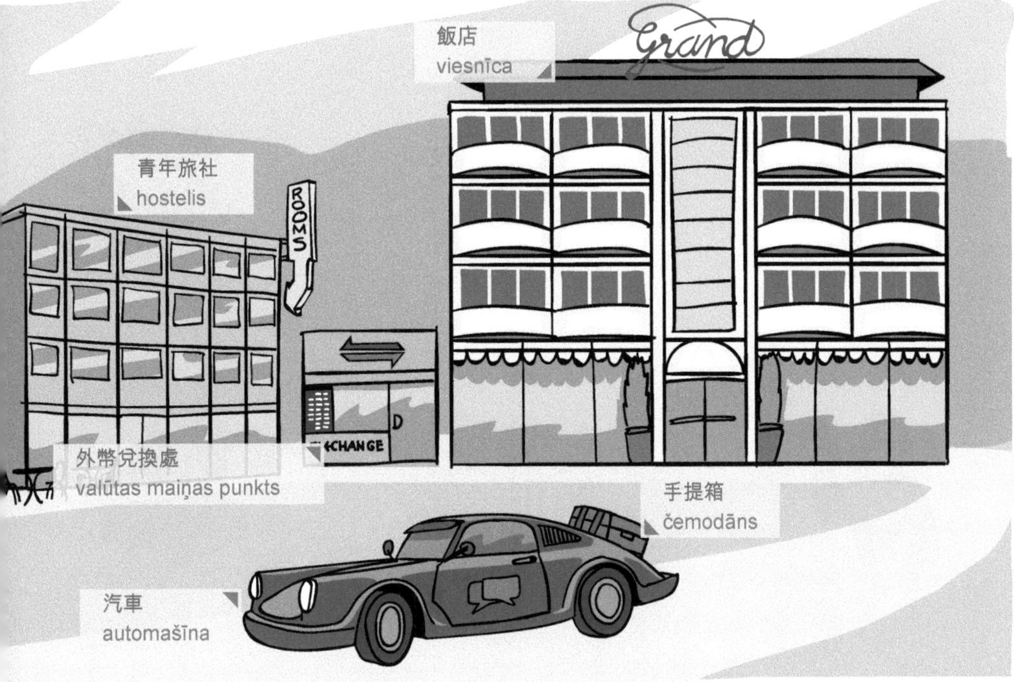

飯店
viesnīca
Grand
青年旅社
hostelis
ROOMS
外幣兌換處
valūtas maiņas punkts
手提箱
čemodāns
汽車
automašīna

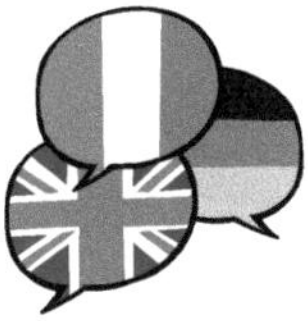

語言

Valoda

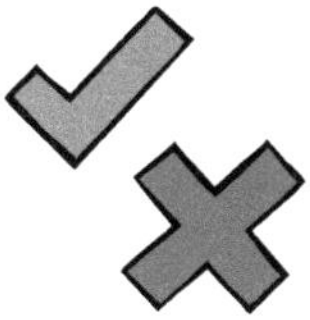

是/否

jā / nē

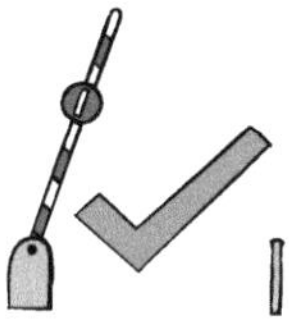

好的

Okay

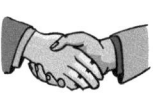

您好

Sveiki!

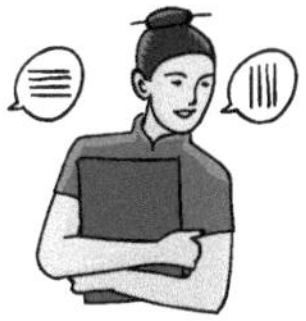

翻譯人員

tulks

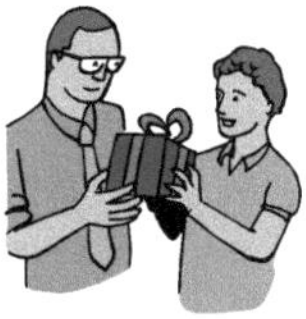

謝謝

paldies

......多少錢？

Cik maksā...?

我不明白

Es nesaprotu

問題

problēma

晚上好！

Labvakar!

早上好！

Labrīt!

晚安！

Ar labu nakti!

再見

Uz redzēšanos

方向

virziens

行李

bagāža

包

soma

背包

mugursoma

客人

viesis

房間

istaba

睡袋

guļammaiss

帳篷

telts

旅行資訊
tūrisma informācija

海灘
pludmale

信用卡
kredītkarte

早餐
brokastis

午餐
pusdienas

晚餐
vakariņas

票
biļete

電梯
lifts

郵票
pastmarka

邊界
robeža

海關
muita

大使館
vēstniecība

簽證
vīza

護照
pase

交通運送

transports

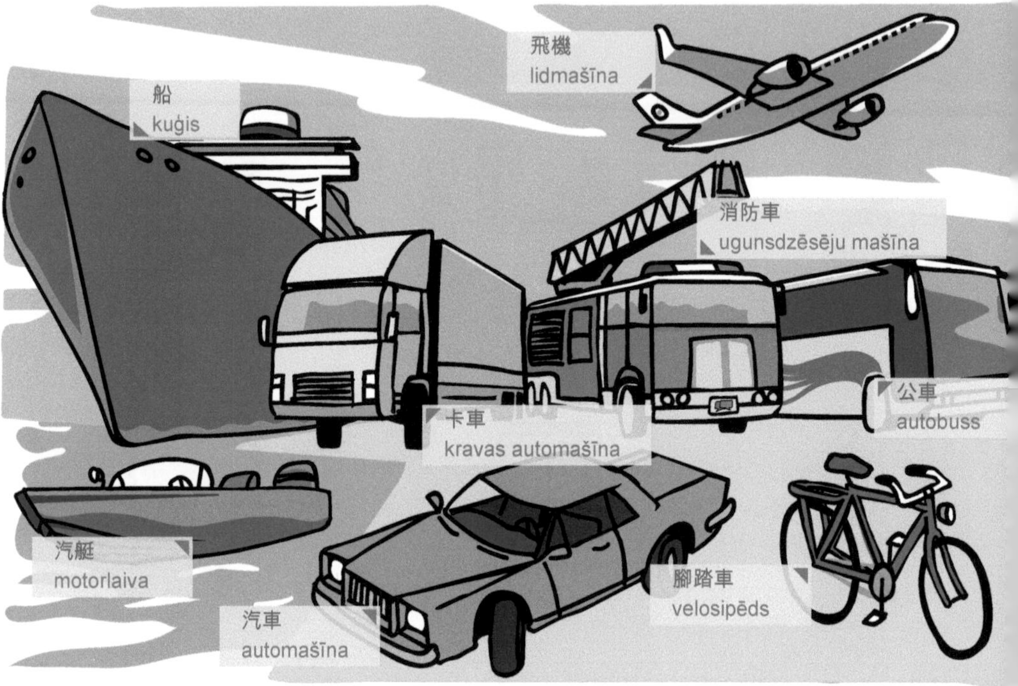

飛機
lidmašīna
船
kuģis
消防車
ugunsdzēsēju mašīna
公車
autobuss
卡車
kravas automašīna
汽艇
motorlaiva
腳踏車
velosipēds
汽車
automašīna

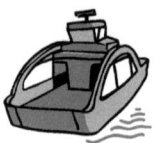

渡輪

prāmis

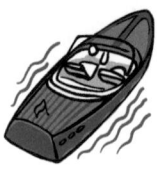

小船

laiva

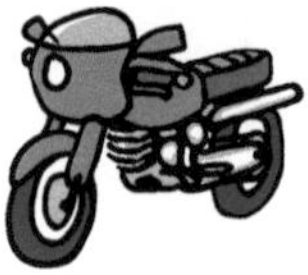

機車

motocikls

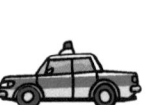

警車

policijas automašīna

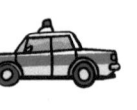

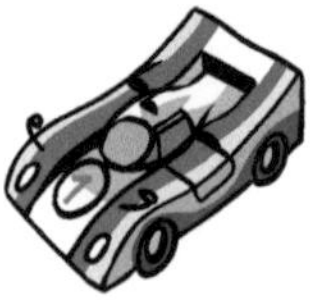

賽車

sacīkšu automobilis

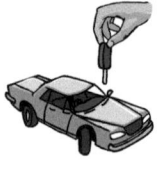

租車

nomas auto

拼車

auto koplietošana

拖車

evakuators

垃圾車

atkritumu mašīna

馬達

dzinējs

汽油

benzīns

加油站

degvielas uzpildes stacija

交通標識

ceļa zīme

交通

satiksme

交通堵塞

sastrēgums

停車場

stāvvieta

火車站

dzelzceļa stacija

軌道

sliedes

火車

vilciens

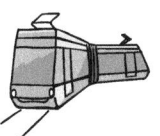

路面電車

tramvajs

客車廂

vagons

交通運送 - transports

直升機

helikopters

機場

lidosta

塔

tornis

乘客

pasažieris

集裝箱

konteiners

紙板箱

kaste

手推車

ratiņi

籃子

grozs

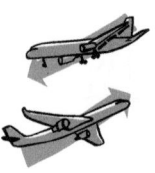

起飛/降落

pacelties / nosēsties

城市

pilsēta

村莊

ciems

市中心

pilsētas centrs

房子

māja

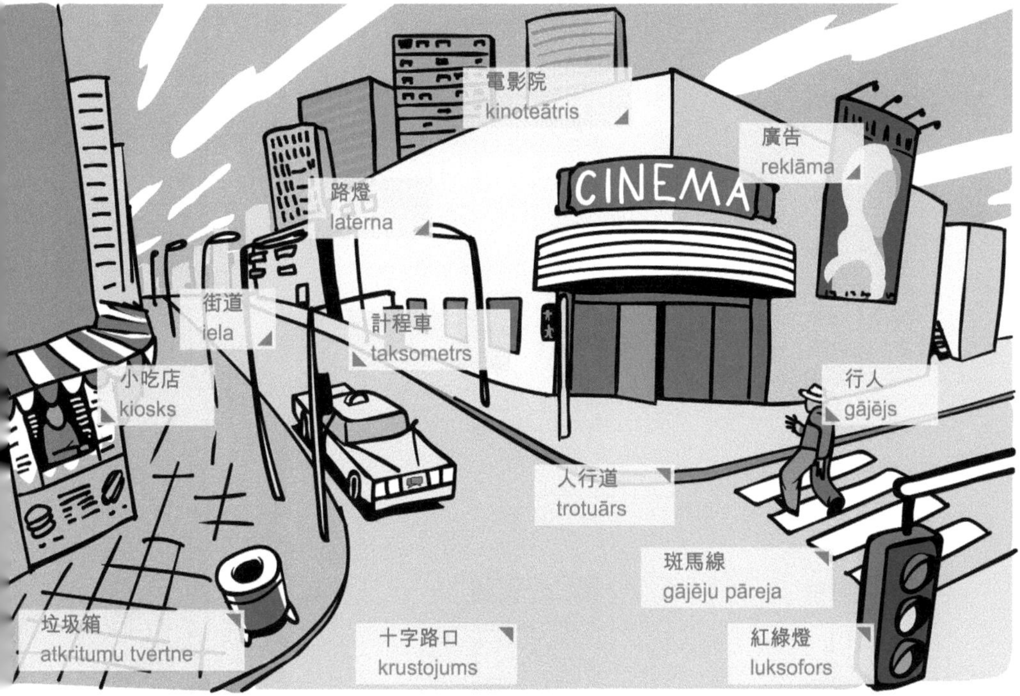
電影院
kinoteātris
CINEMA
廣告
reklāma
路燈
laterna
街道
iela
計程車
taksometrs
小吃店
kiosks
行人
gājējs
人行道
trotuārs
斑馬線
gājēju pāreja
垃圾箱
atkritumu tvertne
十字路口
krustojums
紅綠燈
luksofors

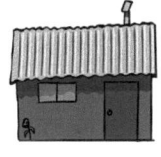

小屋

būda

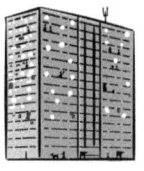

公寓

dzīvoklis

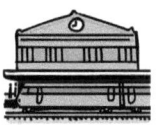

火車站

dzelzceļa stacija

市政廳

rātsnams

MUSEUM

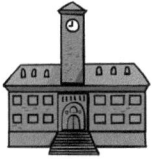

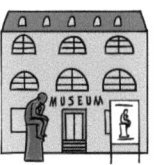

博物館

muzejs

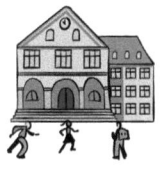

學校

skola

大學

universitāte

銀行

banka

醫院

slimnīca

飯店

viesnīca

藥房

aptieka

辦公室

birojs

書店

grāmatnīca

商店

veikals

花店

ziedu veikals

超市

lielveikals

市場

tirgus

百貨商店

tirdzniecības centrs

魚店

zivju tirgotājs

購物中心

tirdzniecības centrs

海港

osta

公園
parks

長凳
sols

橋
tilts

樓梯
kāpnes

捷運
metro

隧道
tunelis

公車站
autobusa pieturvieta

酒吧
bārs

餐館
restorāns

郵筒
pastkastīte

路標
ielas nosaukuma plāksne

停車計時器
stāvlaika skaitītājs

動物園
zooloģiskais dārzs

游泳池
peldbaseins

清真寺
mošeja

農場

zemnieku saimniecība

污染

vides piesārņojums

墓地

kapsēta

教堂

baznīca

操場

spēļu laukums

寺廟

templis

地形

ainava

樹葉
lapa

指示牌
ceļrādis

路
ceļš

草地
pļava

石頭
akmens

樹
koks

徒步旅行者
ceļotājs

河
upe

草
zāle

花
puķe

峽谷

ieleja

丘陵

kalns

湖

ezers

森林

mežs

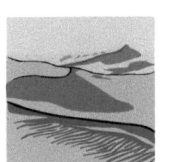

沙漠

tuksnesis

火山

vulkāns

城堡

pils

彩虹

varavīksne

蘑菇

sēne

棕櫚樹

palma

蚊子

moskīts

蒼蠅

muša

螞蟻

skudra

蜜蜂

bite

蜘蛛

zirneklis

甲蟲
vabole

青蛙
varde

松鼠
vāvere

刺蝟
ezis

野兔
zaķis

貓頭鷹
pūce

鳥
putns

天鵝
gulbis

野豬
meža cūka

鹿
briedis

麋鹿
alnis

水壩
aizsprosts

風力發電機
vēja ģenerators

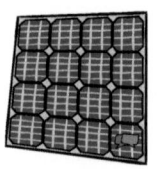

太陽能電池板
saules baterija

氣候
klimats

餐館

restorāns

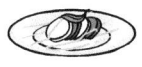

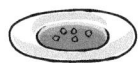

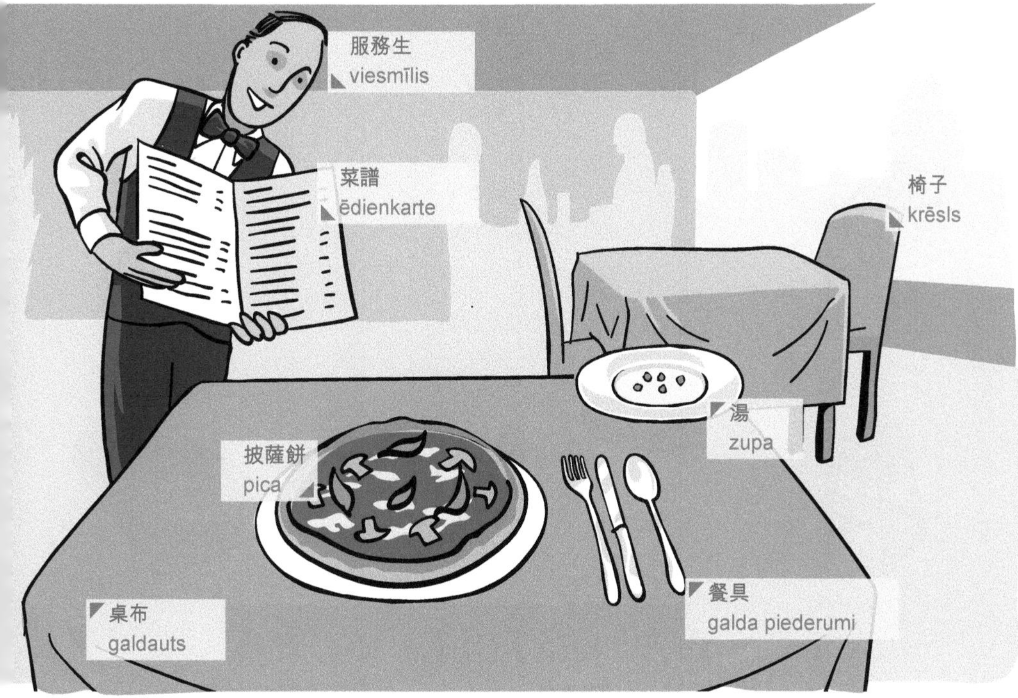

服務生
viesmīlis
菜譜
ēdienkarte
椅子
krēsls
湯
zupa
披薩餅
pica
餐具
galda piederumi
桌布
galdauts

前菜

uzkoda

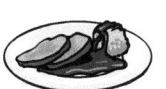

主菜

pamatēdiens

甜點

deserts

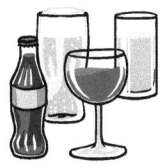

飲料

dzērieni

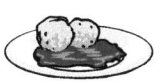

食物

ēdiens

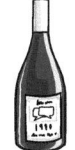

瓶子

pudele

速食

ātrās uzkodas

街邊小吃

ielu uzkodas

茶壺

tējkanna

糖盒

cukurtrauks

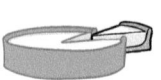

一份飯菜

porcija

義式咖啡機

espresso kafijas automāts

高腳椅

bāra krēsls

帳單

rēķins

托盤

paplāte

刀

nazis

餐叉

dakša

勺子

karote

茶匙

tējkarote

餐巾

salvete

玻璃杯

glāze

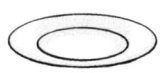

碟子

šķīvis

湯盤

zupas šķīvis

碟子

apakštase

醬

mērce

鹽瓶

sāls trauciņš

胡椒研磨罐

piparu dzirnaviņas

醋

etiķis

食用油

eļļa

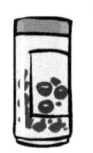

調味料

garšvielas

番茄醬

kečups

芥末

sinepes

美乃滋

majonēze

超市

lielveikals

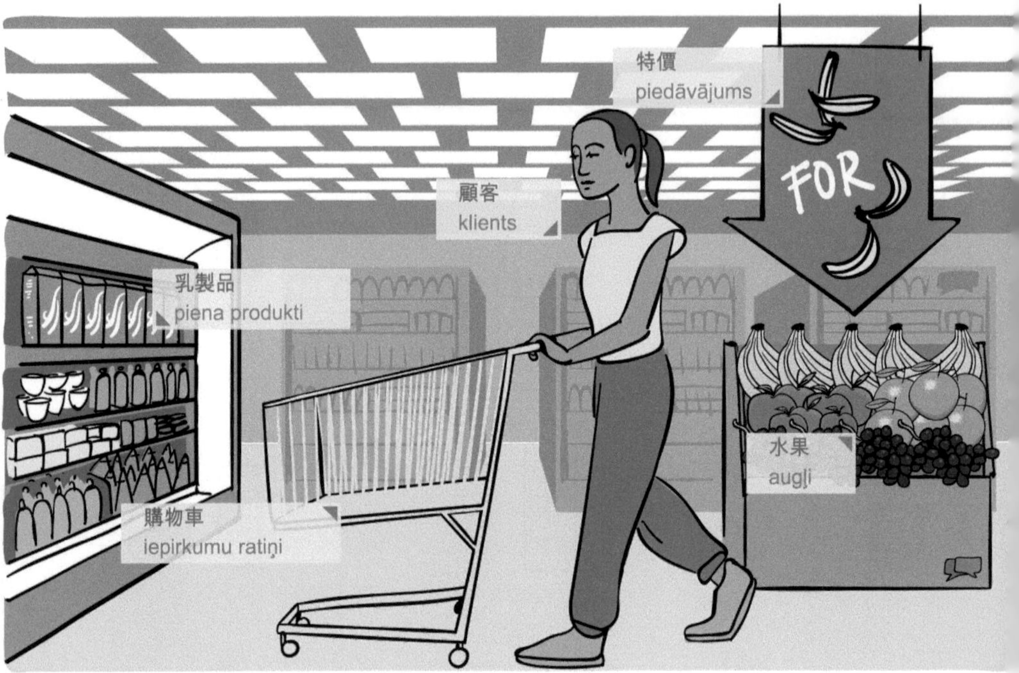

特價
piedāvājums
FOR
顧客
klients
乳製品
piena produkti
水果
augļi
購物車
iepirkumu ratiņi

BUTCHERS

肉鋪

kautuve

BAKERY

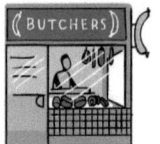

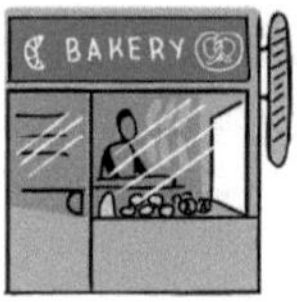

麵包店

maizes veikals

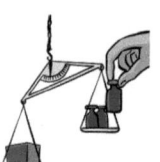

稱重

svērt

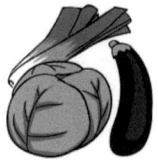

蔬菜

dārzeņi

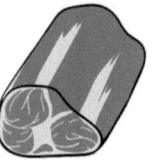

肉

gaļa

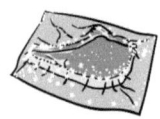

冷凍食品

saldēti produkti

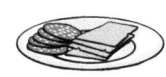

冷盤
aukstās gaļas uzkodas

罐頭食品
konservi

洗衣粉
pulveris

甜食
saldumi

日用品
mājsaimniecības preces

清潔用品
tīrīšanas līdzeklis

銷售員
pārdevēja

收銀機
kase

收銀員
kasieris

購物清單
iepirkumu saraksts

開放時間
darba laiks

錢包
maks

信用卡
kredītkarte

袋子
soma

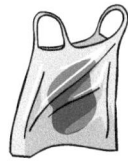

塑膠袋
maisiņš

水

ūdens

果汁

sula

牛奶

piens

可樂

kola

紅酒

vīns

啤酒

alus

酒

alkohols

可可

kakao

茶

tēja

咖啡

kafija

義式濃縮咖啡

espresso

卡布奇諾

kapučīno

香蕉

banāns

蘋果

ābols

柳丁

apelsīns

西瓜

melone

檸檬

citrons

胡蘿蔔

burkāns

大蒜

ķiploks

竹子

bambuss

洋蔥

sīpols

蘑菇

sēne

堅果

rieksti

麵條

makaroni

義大利麵

spageti

米飯

rīsi

沙拉

salāti

薯條

frī kartupeļi

炸馬鈴薯

cepti kartupeļi

披薩餅

pica

漢堡

hamburgers

三明治

sviestmaize

炸豬排

šnicele

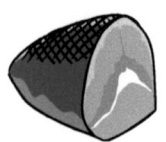

火腿

šķiņķis

義大利臘腸

salami

香腸

desa

雞肉

vista

烤肉

cepetis

魚

zivs

燕麥片

auzu pārslas

木斯里

muslis

玉米片

brokastu pārslas

麵粉

milti

牛角麵包

radziņš

麵包捲

brokastu maizītes

麵包

maize

吐司

tostermaize

餅乾

cepumi

奶油

sviests

凝乳

biezpiens

蛋糕

kūka

蛋

ola

煎蛋

cepta ola

起司

siers

冰淇淋

saldējums

糖

cukurs

蜂蜜

medus

果醬

marmelāde

巧克力醬

riekstu krēms

咖哩

karijs

農場

zemnieku saimniecība

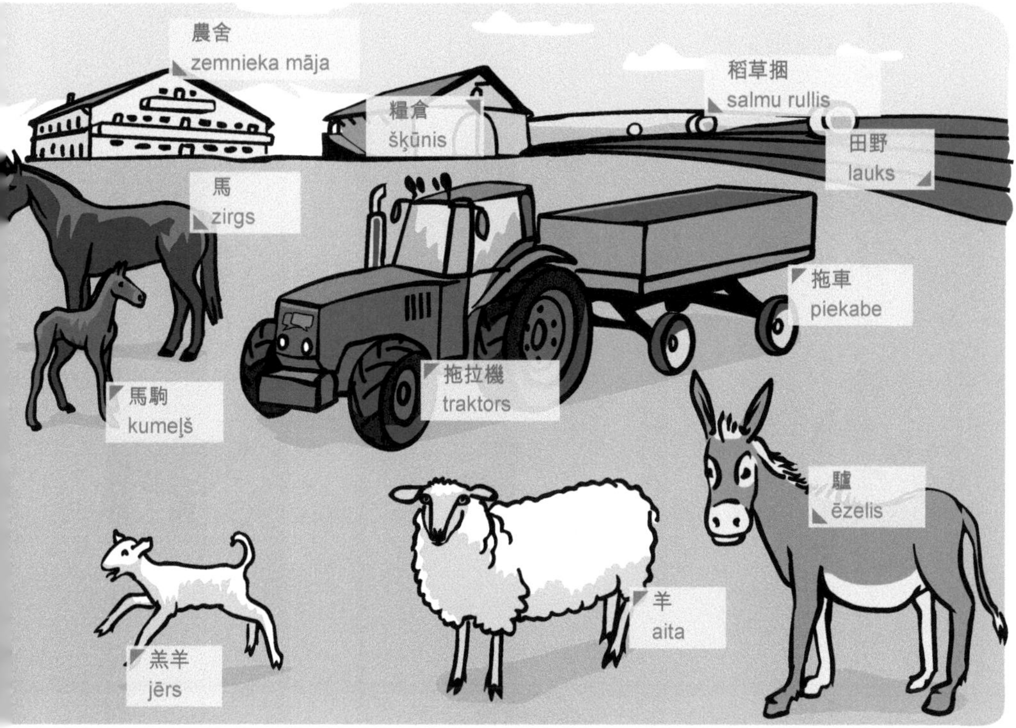

農舍
zemnieka māja
稻草捆
salmu rullis
糧倉
šķūnis
田野
lauks
馬
zirgs
拖車
piekabe
拖拉機
traktors
馬駒
kumeļš
驢
ēzelis
羊
aita
羔羊
jērs

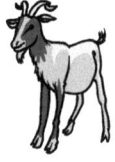

山羊

kaza

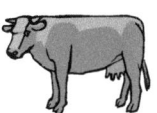

奶牛

govs

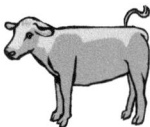

小牛

teļš

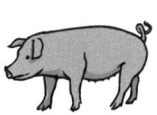

豬

cūka

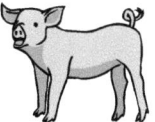

小豬

sivēns

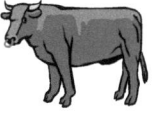

公牛

bullis

鵝

zoss

鴨

pīle

小雞

cālis

母雞

vista

公雞

gailis

鼠

žurka

貓

kaķis

老鼠

pele

牛

vērsis

狗

suns

狗屋

suņa būda

花園澆水軟管

dārza šļūtene

澆水壺

lejkanna

長柄大鐮刀

izkapts

犁

arkls

鐮刀
sirpis

鋤頭
kaplis

長柄草耙
mēslu dakša

斧頭
cirvis

獨輪手推車
ķerra

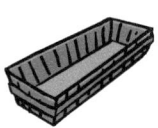

飼料槽
sile

牛奶罐
piena kanna

麻布袋
maiss

柵欄
žogs

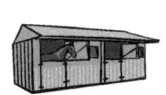

馬廄
kūts

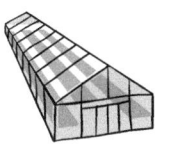

溫室
siltumnīca

土壤
augsne

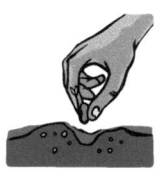

種子
sēklas

肥料
mēslojums

聯合收割機
kombains

收割

novākt ražu

收割

raža

地瓜

jamss

小麥

kvieši

大豆

soja

土豆

kartupelis

玉米

kukurūza

油菜籽

rapsis

果樹

augļu koks

樹薯

manioka

穀物

labība

房子

māja

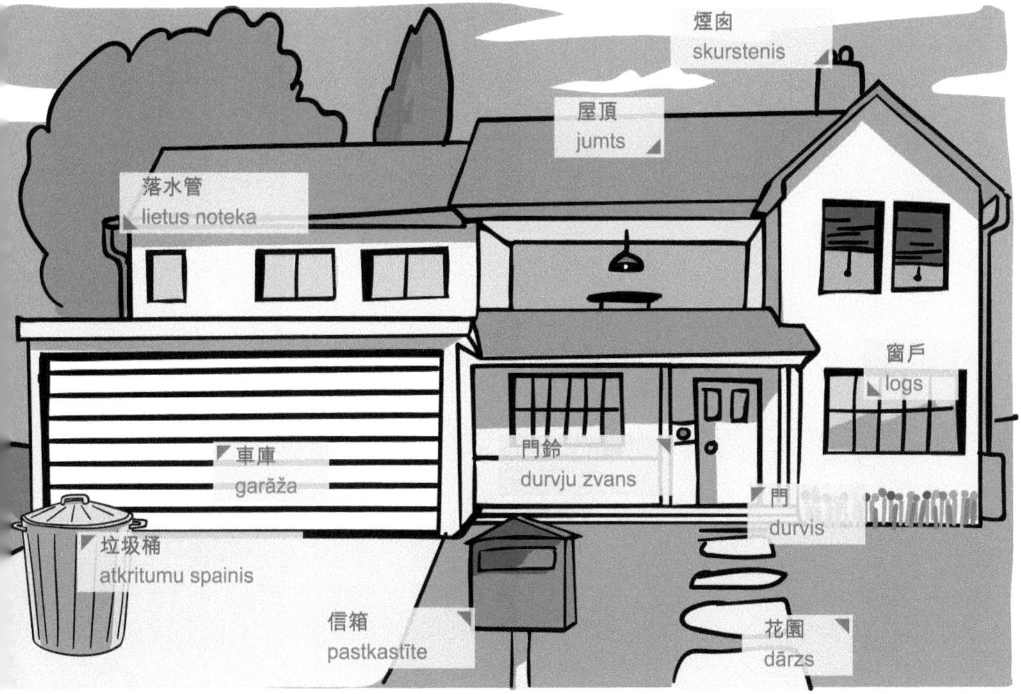

煙囪
skurstenis
屋頂
jumts
落水管
lietus noteka
窗戶
logs
門鈴
durvju zvans
車庫
garāža
門
durvis
垃圾桶
atkritumu spainis
信箱
pastkastīte
花園
dārzs

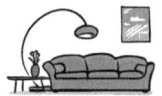

客廳

viesistaba

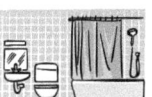

浴室

vannas istaba

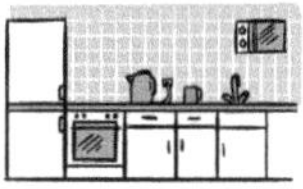

廚房

virtuve

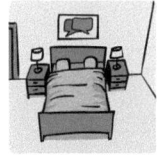

臥室

guļamistaba

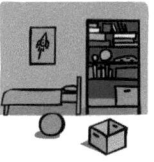

兒童房

bērnu istaba

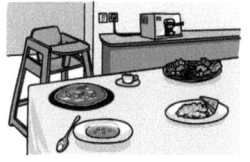

餐廳

ēdamistaba

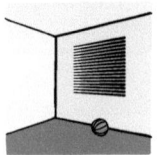

地板
grīda

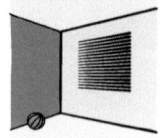

牆壁
siena

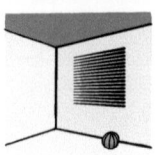

天花板
griesti

地窖
pagrabs

三溫暖
sauna

陽臺
balkons

露臺
terase

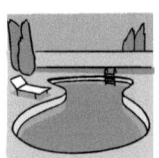

游泳池
baseins

割草機
zāles pļāvējs

被單
gultas veļa

床罩
sega

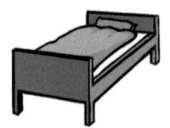

床
gulta

掃帚
slota

水桶
spainis

開關
slēdzis

客廳

viesistaba

壁紙
tapetes
相片
attēls
檯燈
lampa
擱架
plaukts
櫥櫃
skapis
電視
televizors
壁爐
kamīns
花
puķe
墊子
spilvens
沙發
dīvāns
花瓶
vāze
遙控器
tālvadības pults

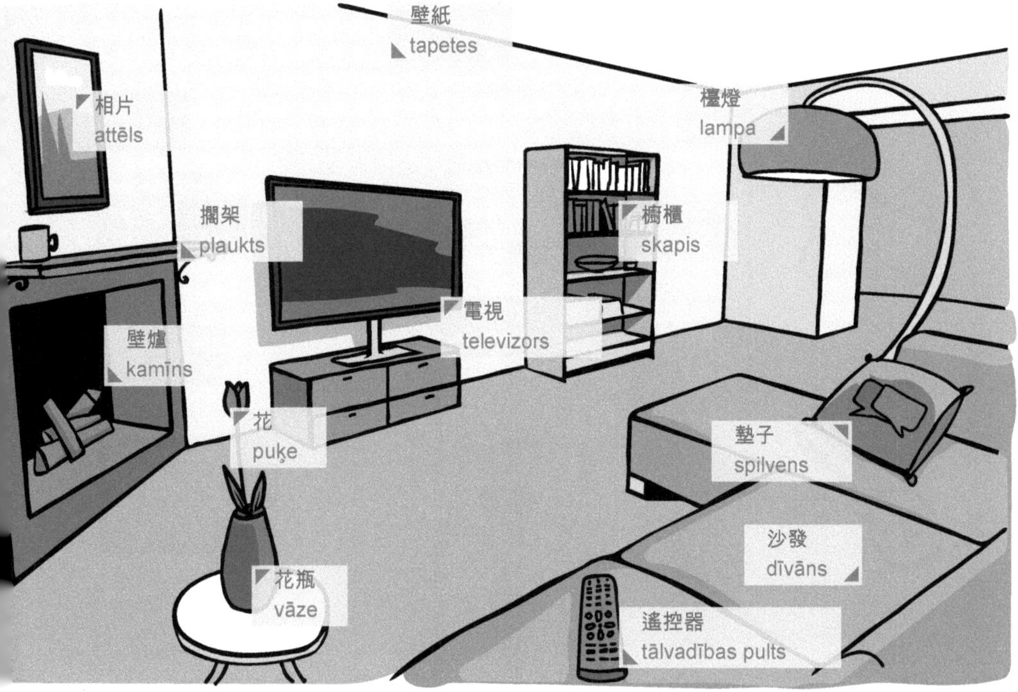

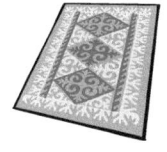

地毯

paklājs

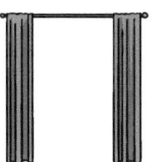

窗簾

aizkars

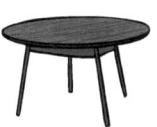

餐桌

galds

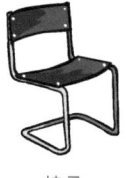

椅子

krēsls

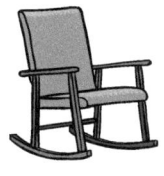

搖椅

šūpuļkrēsls

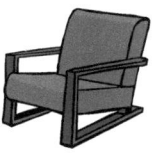

扶手椅

atpūtas krēsls

書

grāmata

毯子

sega

裝飾品

dekorācija

木柴

malka

電影

filma

高傳真音響

mūzikas centrs

鑰匙

atslēga

報紙

avīze

油畫

glezna

海報

plakāts

收音機

radio

筆記本

pierakstu blociņš

吸塵器

putekļu sūcējs

仙人掌

kaktuss

蠟燭

svece

廚房
virtuve

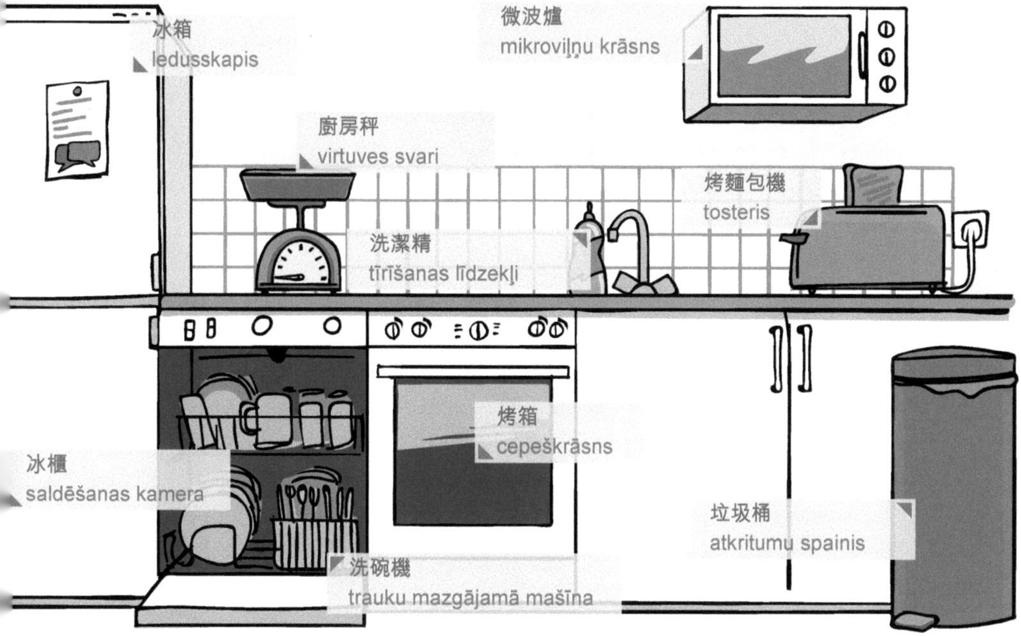
冰箱
ledusskapis
微波爐
mikroviļņu krāsns
廚房秤
virtuves svari
烤麵包機
tosteris
洗潔精
tīrīšanas līdzekļi
烤箱
cepeškrāsns
冰櫃
saldēšanas kamera
垃圾桶
atkritumu spainis
洗碗機
trauku mazgājamā mašīna

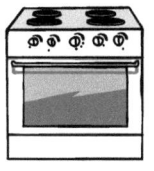

炊具
plīts

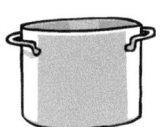

鍋
pods

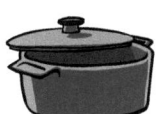

鑄鐵鍋
katls

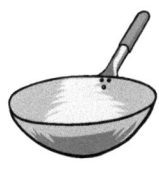

炒鍋
Wok panna

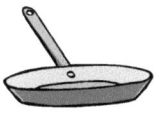

平底鍋
panna

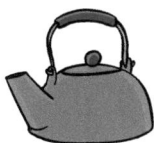

水壺
elektriskā tējkanna

蒸鍋

tvaika katls

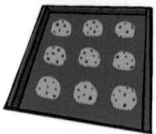

烤盤

cepešpanna

陶瓷鍋

trauki

馬克杯

krūze

碗

bļoda

筷子

irbulīši

長柄勺

kauss

鏟子

lāpstiņa

攪拌器

putošanas slotiņa

濾網

sietiņš

篩子

siets

磨碎機

rīve

研缽

piesta

燒烤

grilēt

明火

atklāts pavards

菜板

dēlis

擀麵杖

mīklas rullis

開瓶器

korķu viļķis

罐子

bundža

開罐器

konservu nazis

隔熱手套

virtuves cimdi

水槽

izlietne

刷子

birste

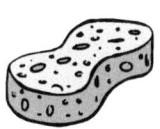

海綿

sūklis

攪拌機

mikseris

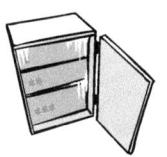

冷藏箱

saldētava

奶瓶

bērna pudelīte

水龍頭

ūdenskrāns

浴室

vannas istaba

淋浴
duša
供暖裝置
apkure
毛巾
dvielis
浴簾
dušas aizkari
泡沫浴
vannas putas
浴缸
vanna
玻璃杯
glāze
洗衣機
veļas mašīna
水龍頭
ūdenskrāns
瓷磚
flīzes
便壺
podiņš
水槽
izlietne

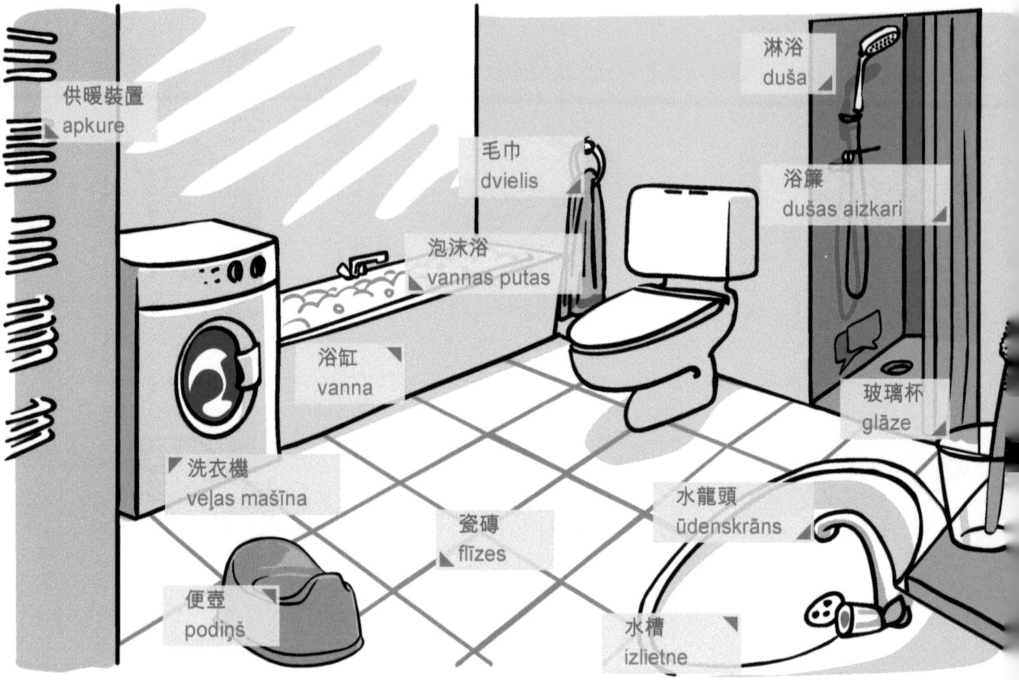

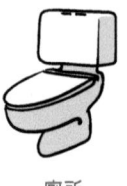

廁所

tualetes pods

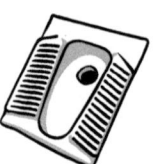

蹲便器

Āzijas tipa tualete

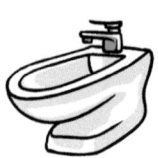

坐浴器

bidē

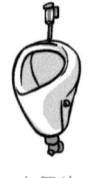

小便斗

pisuārs

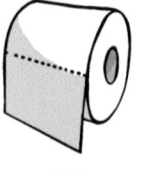

廁紙

tualetes papīs

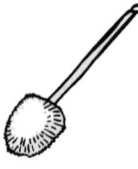

馬桶刷

tualetes birste

牙刷
zobu birste

牙膏
zobu pasta

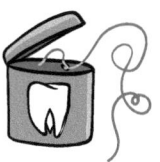

牙線
zobu diegs

洗
mazgāt

手持式蓮蓬頭
rokas duša

沖洗器
duša

洗臉盆
bļoda

洗背刷
muguras mazgāšanas birste

肥皂
ziepes

沐浴露
dušas želeja

洗髮乳
šampūns

法蘭絨
mazgāšanas drāna

排水
noteka

乳霜
krēms

除臭劑
dezodorants

鏡子

spogulis

手鏡

spogulītis

刮鬍刀

skuveklis

刮鬍泡沫

skūšanās putas

鬍後水

losjons pēc skūšanās

梳子

ķemme

刷子

matu suka

吹風機

matu fēns

噴髮定型劑

matu laka

化妝品

grima komplekts

唇膏

lūpu krāsa

指甲油

nagulaka

化妝棉

vate

指甲剪

šķērītes

香水

smaržas

洗漱包

kosmētikas maks

凳子

ķeblītis

計重秤

svari

浴袍

halāts

橡膠手套

tīrīšanas cimdi

衛生棉條

tampons

衛生棉

pakete

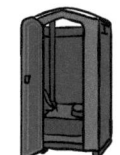

化學廁所

ķīmiskā tualete

兒童房
bērnu istaba

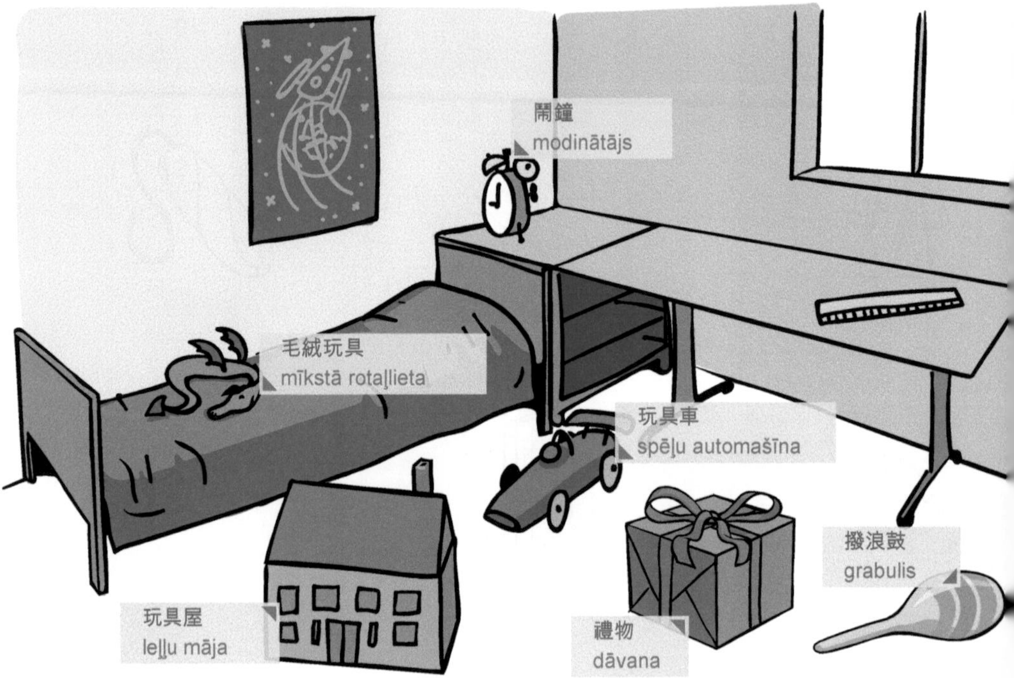

鬧鐘
modinātājs
毛絨玩具
mīkstā rotaļlieta
玩具車
spēļu automašīna
撥浪鼓
grabulis
玩具屋
leļļu māja
禮物
dāvana

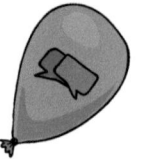

氣球

balons

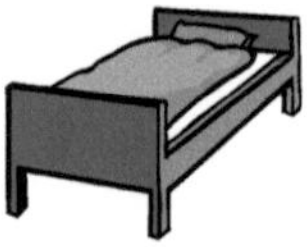

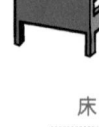

床

gulta

嬰兒車

bērnu ratiņi

撲克牌

kārtis

拼圖

puzle

SUPER
MEGA

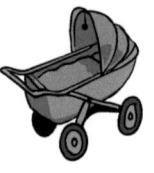

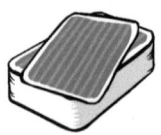

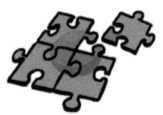

漫畫

komikss

樂高積木

LEGO klucīši

積木玩具

klucīši

公仔

varoņu figūra

嬰兒服

rāpulītis

飛盤

lidojošais šķīvītis

床鈴玩具

muzikālais karuselis

棋盤遊戲

galda spēle

骰子

metamais kauliņš

火車模型

rotaļu dzelzceļš

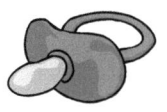

安撫奶嘴

māneklis

派對

ballīte

繪本

bilžu grāmata

球

bumba

洋娃娃

lelle

玩

spēlēt

沙坑

smilšu kaste

鞦韆

šūpoles

玩具

rotaļlietas

電玩遊戲

spēļu konsole

三輪車

trīsritenis

泰迪熊

plīša lācītis

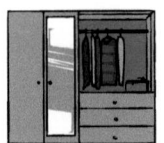

衣櫃

drēbju skapis

衣服
apģērbs

襪子

īszeķes

長襪

zeķes

緊身褲

zeķbikses

圍巾
šalle

雨傘
lietussargs

T恤
T-krekls

皮帶
siksna

靴子
zābaks

拖鞋
čības

運動鞋
botas

涼鞋
sandales

鞋
kurpes

雨靴
gumijas zābaki

內褲
apakšbikses

胸罩
krūšturis

背心
apakškrekls

衣服 - apģērbs   45

身體
bodijs

褲子
bikses

牛仔褲
džinsi

短裙
svārki

女式襯衫
blūze

襯衫
krekls

套頭衫
pulovers

連帽上衣
džemperis

西裝夾克
žakete

夾克
jaka

外套
mētelis

雨衣
lietus mētelis

套裝
kostīms

連衣裙
kleita

婚紗
kāzu kleita

西裝

uzvalks

睡袍

naktskrekls

睡衣

pidžama

莎麗

sari

頭巾

lakats

包頭巾

turbāns

波卡

burka

卡夫坦

kaftāns

(阿拉伯式)長袍

abaja

泳衣

peldkostīms

男式泳褲

peldbikses

短褲

šorti

運動服

treniņtērps

圍裙

priekšauts

手套

cimdi

鈕扣

poga

眼鏡

brilles

手鏈

rokassprādze

項鍊

kaklarota

戒指

gredzens

耳環

auskars

便帽

cepure

衣架

drēbju pakaramais

帽子

platmale

領帶

kaklasaite

拉鍊

rāvējslēdzējs

安全帽

ķivere

背帶

bikšturi

校服

skolas forma

制服

uniforma

圍兜

priekšautiņš

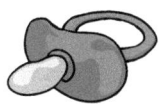

安撫奶嘴

māneklis

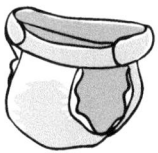

尿布

autiņbiksītes

辦公室
birojs

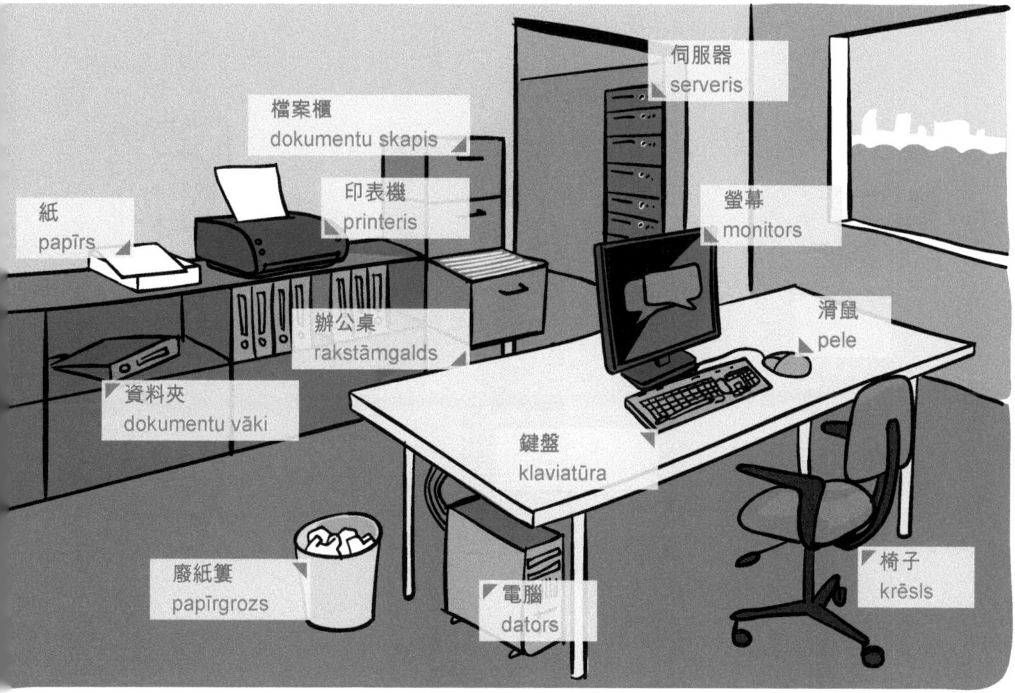

伺服器
serveris

檔案櫃
dokumentu skapis

印表機
printeris

紙
papīrs

螢幕
monitors

辦公桌
rakstāmgalds

滑鼠
pele

資料夾
dokumentu vāki

鍵盤
klaviatūra

廢紙簍
papīrgrozs

椅子
krēsls

電腦
dators

咖啡杯

kafijas krūze

計算機

kalkulators

網際網路

internets

筆記型電腦

portatīvais dators

信件

vēstule

簡訊

ziņa

行動電話

mobilais tālrunis

網路

tīkls

影印機

kopētājs

軟體

programmatūra

電話

telefons

插座

rozete

傳真機

faksa aparāts

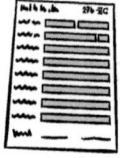

表格

formulārs

檔案

dokuments

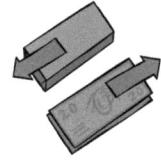

買
pirkt

付錢
samaksāt

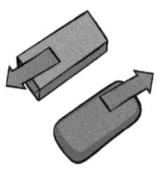

交易
tirgot

現金
nauda

USD

美元
dolārs

EUR

歐元
eiro

JPY

日元
jēna

RUB

盧布
rublis

CHF

瑞士法郎
franks

CNY

人民幣
juaņa renminbi

INR

盧比
rūpija

提款處
bankomāts

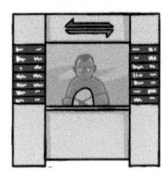

外幣兌換處

valūtas maiņas punkts

金

zelts

銀

sudrabs

石油

nafta

能源

enerģija

價格

cena

合約

līgums

稅金

nodoklis

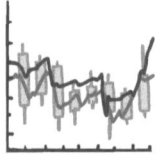

股票

akcija

工作

strādāt

職員

darbinieks

老闆

darba devējs

工廠

fabrika

商店

veikals

職業
profesijas

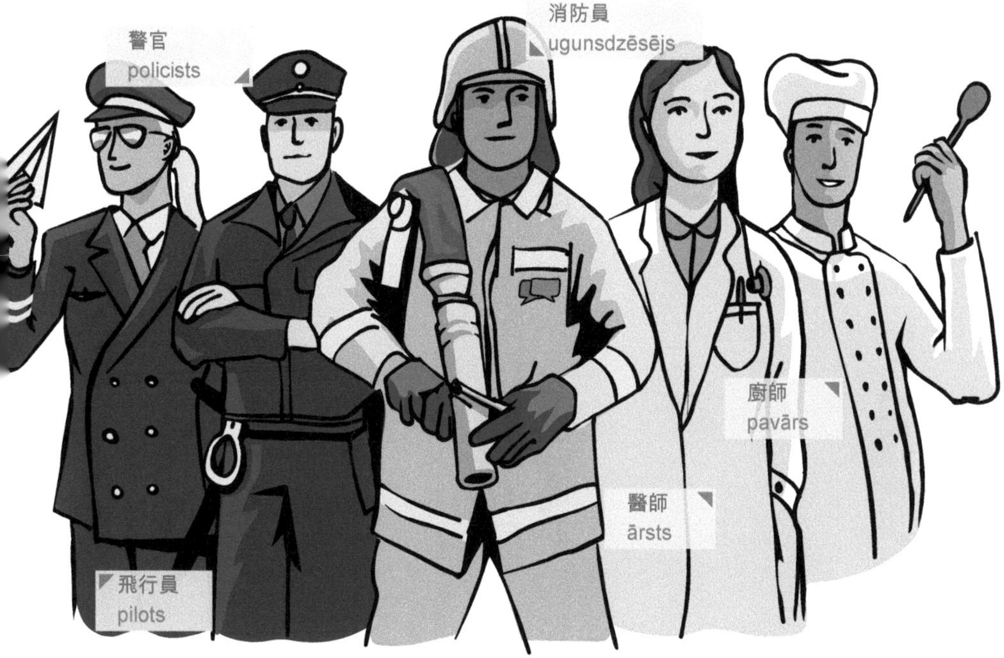

警官
policists
消防員
ugunsdzēsējs
廚師
pavārs
醫師
ārsts
飛行員
pilots

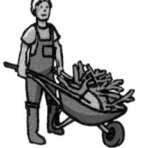

園丁

dārznieks

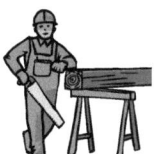

木匠

galdnieks

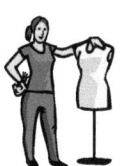

裁縫

šuvēja

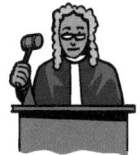

法官

tiesnesis

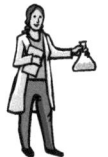

化學家

ķīmiķis

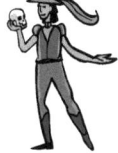

演員

aktieris

公車司機

autobusa vadītājs

計程車司機

taksometra vadītājs

漁夫

zvejnieks

清洗女工

apkopēja

屋頂工

jumiķis

服務生

viesmīlis

獵人

mednieks

畫家

gleznotājs

麵包師

maiznieks

電工

elektriķis

建築工人

celtnieks

工程師

inženieris

屠夫

miesnieks

水管工

skārdnieks

郵差

pastnieks

士兵

karavīrs

建築師

arhitekts

收銀員

kasieris

花農

florists

理髮師

frizieris

售票員

konduktors

機械技師

mehāniķis

船長

kapteinis

牙醫

zobārsts

科學家

zinātnieks

拉比

rabīns

伊瑪目

imāms

和尚

mūks

牧師

mācītājs

工具
instrumenti

鐵鎚
āmurs
鉗子
knaibles
螺絲起子
skrūvgriezis
扳手
uzgriežņu atslēga
手電筒
kabatas lukturīt

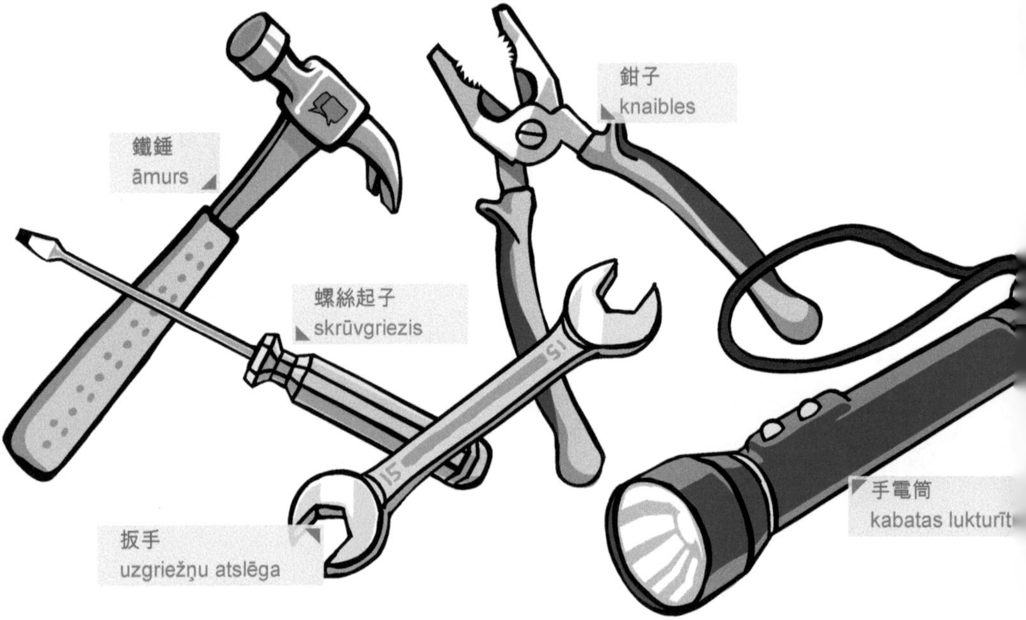

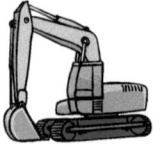

挖掘機

ekskavators

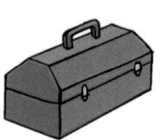

工具箱

instrumentu kaste

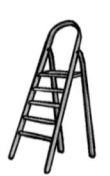

梯子

kāpnes

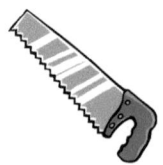

鋸子

zāģis

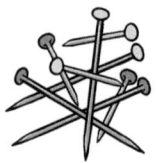

釘子

naglas

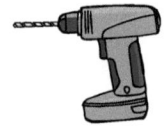

鑽機

urbis

修
remontēt

鏟子
lāpsta

糟糕！
Velns!

畚箕
liekšķere

油漆桶
krāsas bundža

螺絲
skrūves

樂器
mūzikas instrumenti

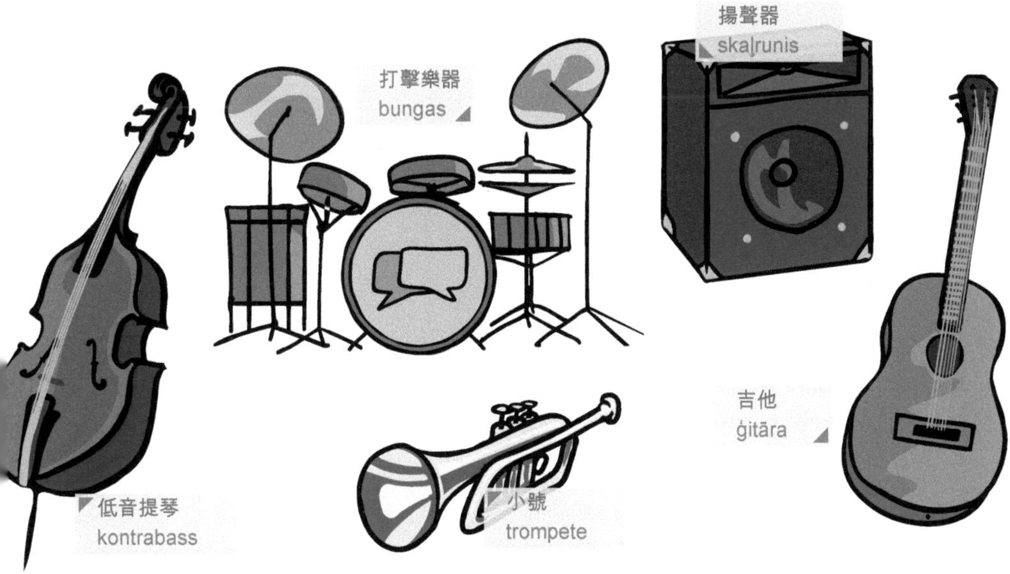

打擊樂器
bungas

揚聲器
skaļrunis

吉他
ģitāra

低音提琴
kontrabass

小號
trompete

鋼琴

klavieres

小提琴

vijole

貝斯

bass

定音鼓

timpāni

鼓

bungas

電子琴

digitālās klavieres

薩克斯風

saksofons

長笛

flauta

麥克風

mikrofons

動物園

zooloģiskais dārzs

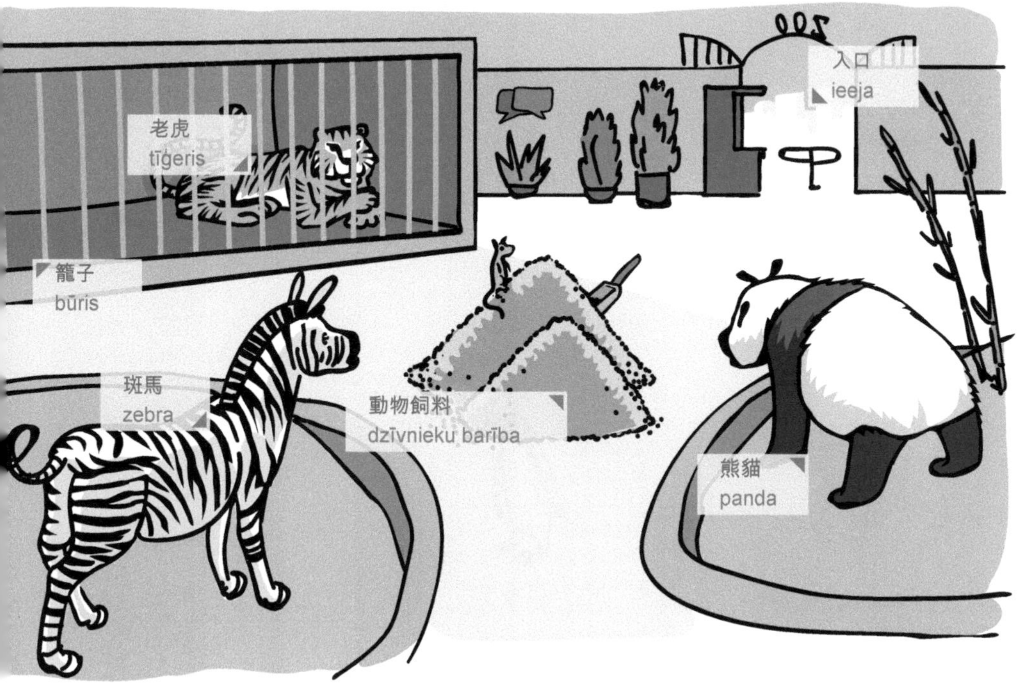

入口
ieeja
老虎
tīģeris
籠子
būris
斑馬
zebra
動物飼料
dzīvnieku barība
熊貓
panda

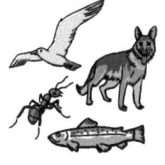

動物

dzīvnieki

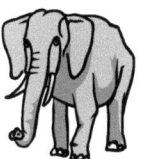

大象

zilonis

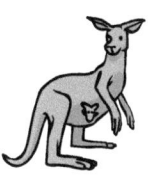

袋鼠

ķengurs

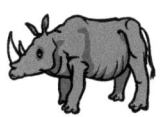

犀牛

degunradzis

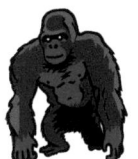

大猩猩

gorilla

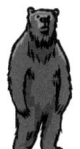

熊

lācis

駱駝

kamielis

鴕鳥

strauss

獅子

lauva

猴子

pērtiķis

紅鶴

flamings

鸚鵡

papagailis

北極熊

polārlācis

企鵝

pingvīns

鯊魚

haizivs

孔雀

pāvs

蛇

čūska

鱷魚

krokodils

動物園管理員

zoodārza sargs

海豹

ronis

美洲豹

jaguārs

矮種馬

ponijs

豹

leopards

河馬

nīlzirgs

長頸鹿

žirafe

老鷹

ērglis

野豬

meža cūka

魚

zivs

龜

bruņurupucis

海象

valzirgs

狐狸

lapsa

羚羊

gazele

橄欖球
amerikāņu futbols

騎腳踏車
riteņbraukšana

網球
teniss

籃球
basketbols

游泳
peldēšana

拳擊
bokss

冰球
hokejs

美式足球

futbols

羽毛球

badmintons

田徑

vieglatlētika

手球

rokas bumba

滑雪

slēpošana

馬球

polo

跳
lēkt

擁抱
apskaut

笑
smieties

走路
iet

唱
dziedāt

做夢
sapņot

祈禱
lūgt

親吻
skūpstīt

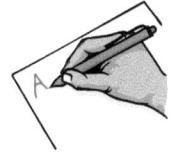

書寫

rakstīt

畫

zīmēt

展示

rādīt

推

spiest

給

dot

拿

ņemt

有
būt

做
darīt

當
būt

站
stāvēt

跑
skriet

拉
vilkt

丟
mest

摔倒
krist

躺
gulēt

等待
gaidīt

攜帶
nest

坐
sēdēt

穿衣
uzģērbt

睡覺
gulēt

醒來
pamosties

看
skatīties

哭
raudāt

擊
glāstīt

梳頭
ķemmēt

交談
runāt

明白
saprast

問
jautāt

聽
dzirdēt

喝
dzert

吃
ēst

清理
sakārtot

愛
mīlēt

做飯
vārīt

開車
braukt

飛
lidot

航行

burot

計算

rēķināt

讀

lasīt

學習

mācīties

工作

strādāt

結婚

precēties

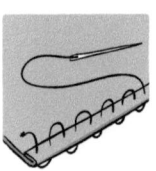

縫

šūt

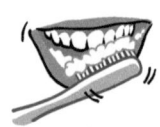

刷牙

tīrīt zobus

殺

nogalināt

抽菸

smēķēt

寄

sūtīt

家

ģimene

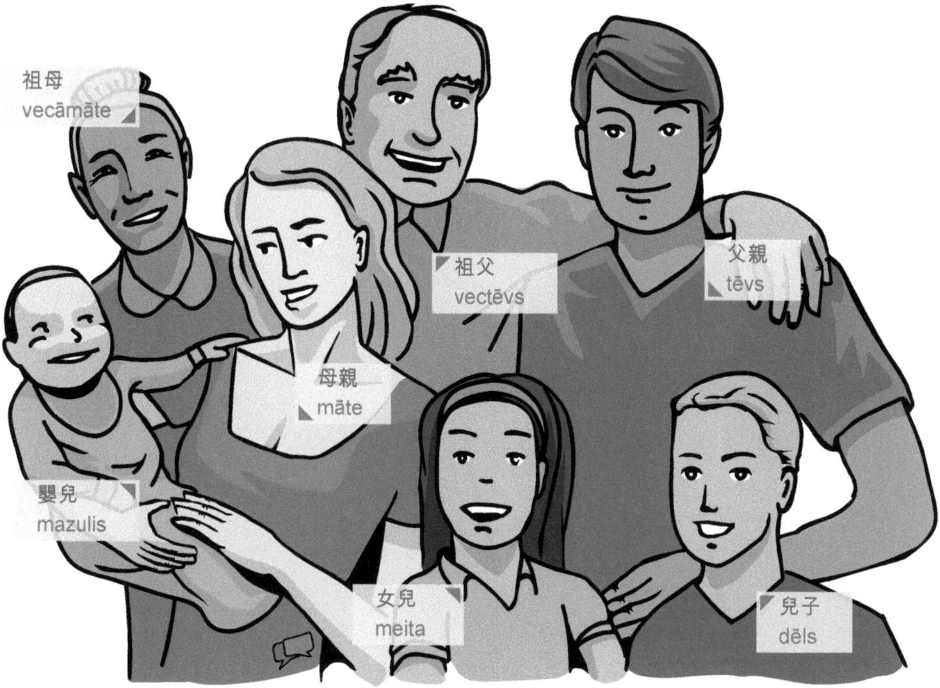
祖母
vecāmāte
祖父
vectēvs
父親
tēvs
母親
māte
嬰兒
mazulis
女兒
meita
兒子
dēls

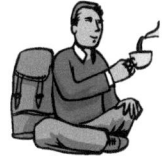

客人

viesis

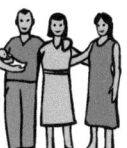

阿姨

tante

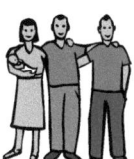

叔叔

onkulis

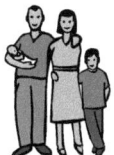

兄弟

brālis

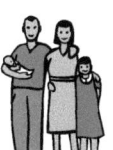

姐妹

māsa

身體

ķermenis

前額
piere
眼睛
acs
肩膀
plecs
手指
pirksts
臉
seja
下巴
zods
手
roka
腿
kāja
乳房
krūtis
手臂
roka

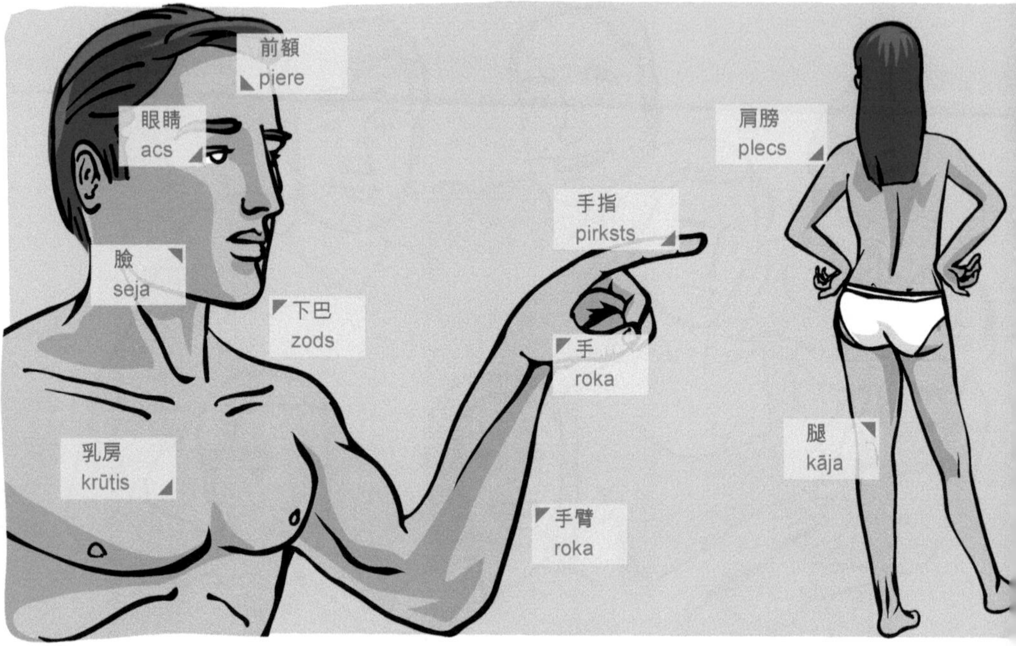

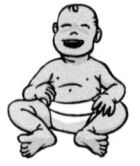

嬰兒

mazulis

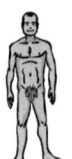

男人

vīrietis

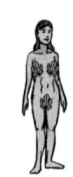

女人

sieviete

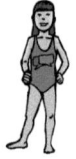

女孩

meitene

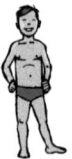

男孩

zēns

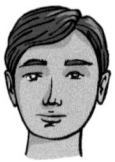

頭

galva

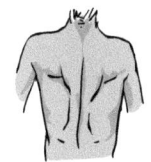

背部

mugura

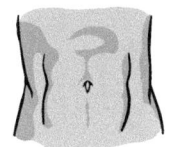

肚子

vēders

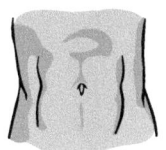

肚臍

naba

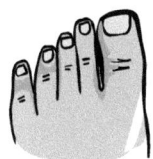

腳趾

kājas pirksts

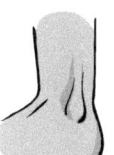

腳後跟

papēdis

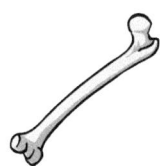

骨頭

kauls

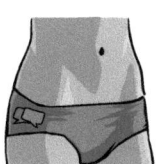

臀部

gurns

膝蓋

celis

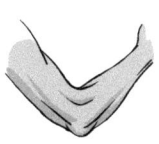

手肘

elkonis

鼻子

deguns

屁股

dibens

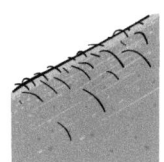

皮膚

āda

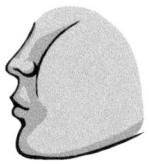

臉頰

vaigs

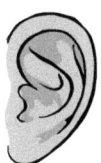

耳朵

auss

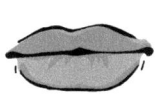

嘴唇

lūpa

嘴
mute

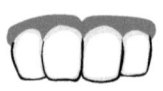

牙齒
zobs

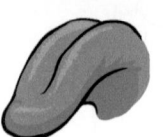

舌頭
mēle

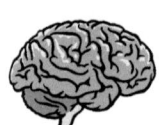

腦
smadzenes

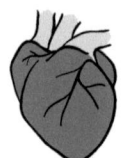

心臟
sirds

肌肉
muskulis

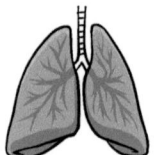

肺
plaušas

肝臟
aknas

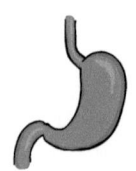

胃
kuņģis

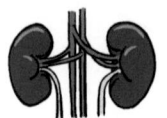

腎臟
nieres

性交
dzimumakts

保險套
kondoms

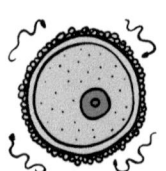

卵子
olšūna

精子
sperma

懷孕
grūtniecība

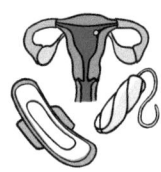

月事

menstruācijas

陰道

vagīna

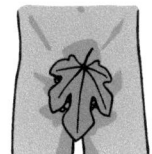

陰莖

penis

眉毛

uzacs

頭髮

mati

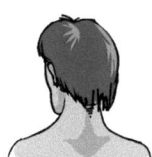

脖子

kakls

醫院
slimnīca

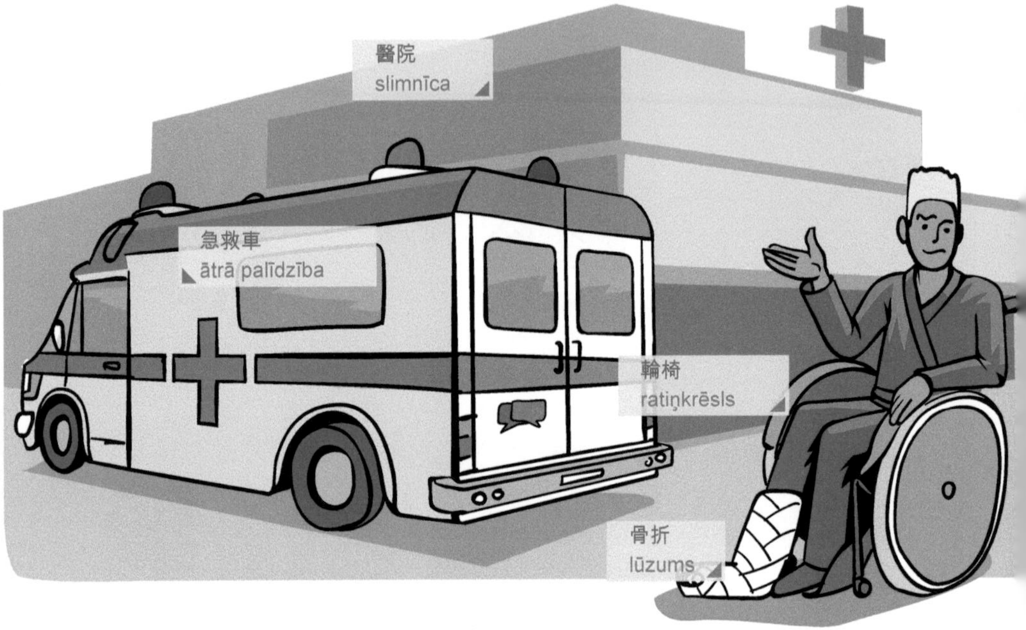

醫院
slimnīca
急救車
ātrā palīdzība
輪椅
ratiņkrēsls
骨折
lūzums

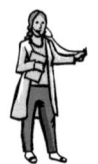

醫師
ārsts

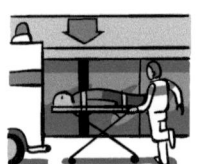

急診室
neatliekamās palīdzības nodaļa

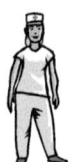

護理師
medmāsa

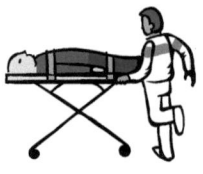

緊急情形
ārkārtas gadījums

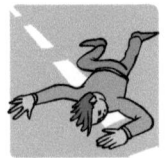

昏迷
paģībis

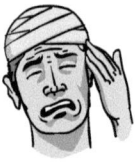

痛
sāpes

受傷

ievainojums

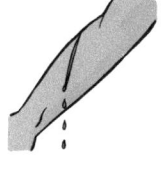

出血

asiņošana

心臟病發作

sirdslēkme

中風

insults

過敏

alerģija

咳嗽

klepus

發燒

temperatūra

流感

gripa

腹瀉

caureja

頭痛

galvassāpes

癌症

vēzis

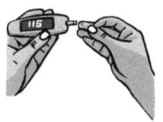

糖尿病

diabēts

外科醫師

ķirurgs

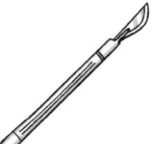

手術刀

skalpelis

手術

operācija

電腦斷層掃描

datortomogrāfija

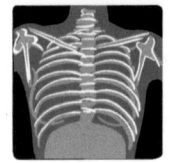

X光

rentgents

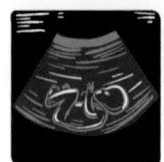

超音波

ultraskaņa

口罩

sejas maska

疾病

slimība

候診室

uzgaidāmā telpa

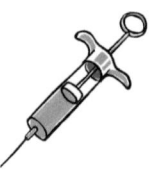

拐杖

kruķis

石膏

plāksteris

繃帶

apsējs

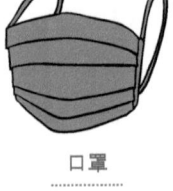

注射

injekcija

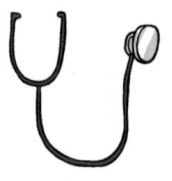

聽診器

stetoskops

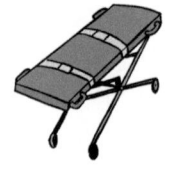

擔架

nestuves

體溫計

termometrs

出生

dzemdības

超重

liekais svars

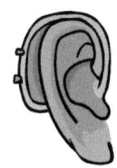

助聽器

dzirdes aparāts

消毒液

dezinfekcijas līdzeklis

感染

infekcija

病毒

vīruss

愛滋病

HIV / AIDS

藥物

zāles

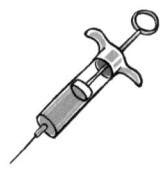

接種疫苗

pote

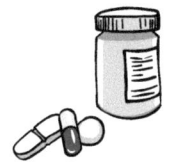

藥片

tabletes

藥丸

pretapaugļošanās tablete

急救電話

ārkārtas izsaukums

血壓計

asinsspiediena mērītājs

生病/健康

slims / vesels

救命！	警報	突擊
Palīgā!	trauksme	uzbrukums

攻擊	危險	緊急出口
uzbrukums	bīstamība	avārijas izeja

失火了！	滅火器	意外
Uguns!	ugunsdzēšamais aparāts	negadījums

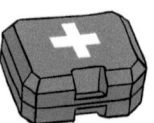

急救箱	呼救訊號	員警
pirmās palīdzības aptieciņa	SOS	policija

歐洲

Eiropa

北美洲

Ziemeļamerika

南美洲

Dienvidamerika

非洲

Āfrika

亞洲

Āzija

澳洲

Austrālija

大西洋

Atlantijas okeāns

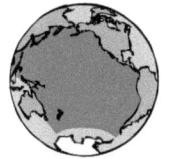

太平洋

Klusais okeāns

印度洋

Indijas okeāns

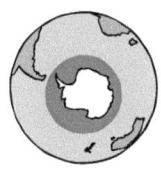

南冰洋

Dienvidu okeāns

北冰洋

Ziemeļu ledus okeāns

北極

Ziemeļpols

南極
Dienvidpols

南極洲
Antarktika

地球
zeme

陸地
zeme

海
jūra

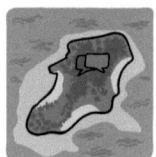

島
sala

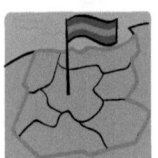

國家
nācija

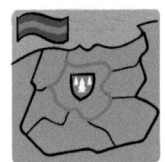

州
valsts

錶盤

ciparnīca

時針

stundu rādītājs

分針

minūšu rādītājs

秒針

sekunžu rādītājs

現在幾點？

Cik ir pulkstenis?

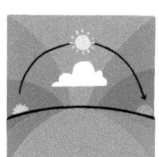

天

diena

時間

laiks

現在

tagad

電子錶

digitālais pulkstenis

分

minūte

時

stunda

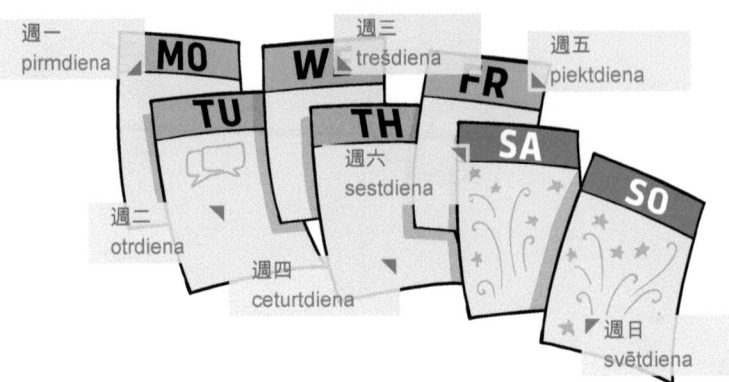

週一 pirmdiena

週三 trešdiena

週五 piektdiena

週二 otrdiena

週六 sestdiena

週四 ceturtdiena

週日 svētdiena

昨天

vakardien

今天

šodien

明天

rītdien

早晨

rīts

中午

pusdienlaiks

晚上

vakars

工作日

darbadienas

週末

brīvdienas

年

gads

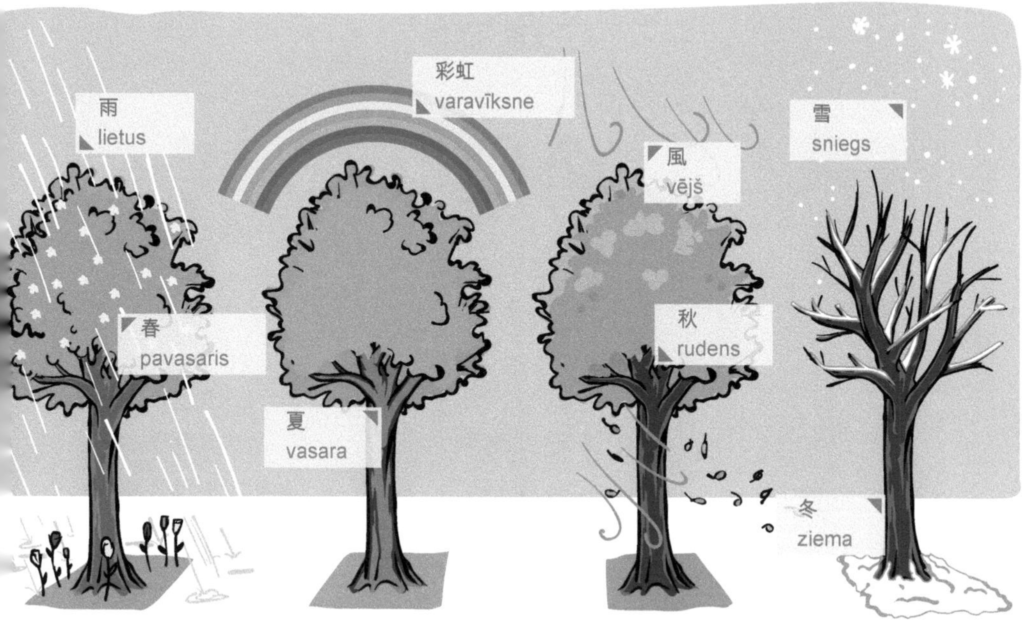

雨
lietus
彩虹
varavīksne
風
vējš
雪
sniegs
春
pavasaris
秋
rudens
夏
vasara
冬
ziema

4.APRIL 11°
5.APRIL 4°
6.APRIL 13°
7.APRIL 8°
8.APRIL 10°

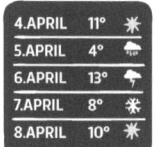

天氣預告

laika prognoze

F C
120 40
90 30
60 20
30 10
0 0
-30 -10
-20

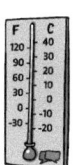

溫度計

termometrs

陽光

saules gaisma

雲

mākonis

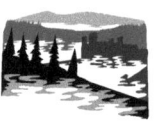

霧

migla

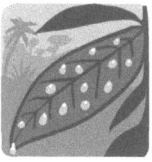

潮濕

gaisa mitrums

閃電

zibens

打雷

pērkons

風暴

vētra

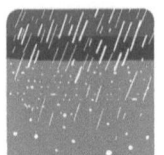

冰雹

krusa

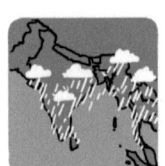

季風

musons

洪水

plūdi

冰

ledus

一月

janvāris

二月

februāris

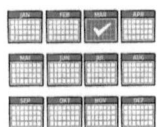

三月

marts

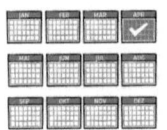

四月

aprīlis

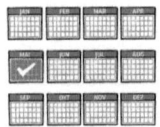

五月

maijs

六月

jūnijs

七月

jūlijs

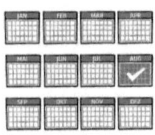

八月

augusts

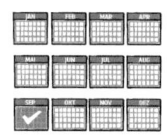

九月

septembris

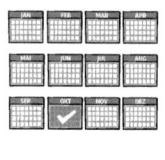

十月

oktobris

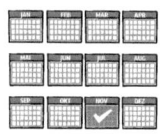

十一月

novembris

十二月

decembris

形狀

formas

圓形

aplis

正方形

kvadrāts

長方形

četrstūris

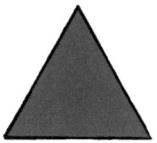

三角形

trīsstūris

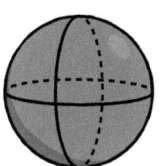

球體

lode

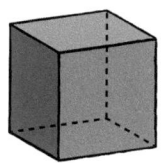

立方體

kubs

白

balts

黃

dzeltens

橙

oranžs

粉

sārts

紅

sarkans

紫

lillā

藍

zils

綠

zaļš

棕

brūns

灰

pelēks

黑

melns

很多/少許

daudz / maz

生氣/平靜

saniknots / miermīlīgs

美/醜

skaists / neglīts

首/尾

sākums / beigas

大/小

liels / mazs

明/暗

gaišs / tumšs

兄弟/姐妹

brālis / māsa

乾淨/骯髒

tīrs / netīrs

完整/缺失

pilnīgs / nepilnīgs

白天/晚上

diena / nakts

死/生

miris / dzīvs

寬/窄

plats / šaurs

可食用/非食用

baudāms / nebaudāms

邪惡/善良

nikns / laipns

興奮/無聊

satraukts / garlaikots

胖/瘦

resns / tievs

第一/最後

pirmais / pēdējais

朋友/敵人

draugs / ienaidnieks

滿/空

pilns / tukšs

硬/軟

ciets / mīksts

重/輕

smags / viegls

餓/渴

izsalkums / slāpes

生病/健康

slims / vesels

非法/合法

nelegāls / legāls

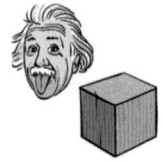

聰明/愚笨

inteliģents / dumjš

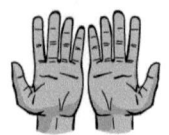

左/右

kreisais / labais

近/遠

tuvu / tālu

新/舊

jauns / lietots

沒有/有些

nekas / kaut kas

老/幼

vecs / jauns

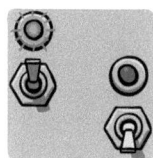

開/關

ieslēgts / izslēgts

打開/闔上

atvērts / slēgts

安靜/吵鬧

kluss / skaļš

富/窮

bagāts / nabags

對/錯

pareizi / nepareizi

粗糙/光滑

raupjš / gluds

傷心/高興

noskumis / laimīgs

短/長

īss / garš

慢/快

lēns / ātrs

濕/乾

slapjš / sauss

溫暖/涼爽

silts / vēss

戰爭/和平

karš / miers

0

零

nulle

1

一

viens

2

二

divi

3

三

trīs

4

四

četri

5

五

pieci

6

六

seši

7

七

septiņi

8

八

astoņi

9

九

deviņi

10

十

desmit

11

十一

vienpadsmit

12
十二
divpadsmit

13
十三
trīspadsmit

14
十四
četrpadsmit

15
十五
piecpadsmit

16
十六
sešpadsmit

17
十七
septiņpadsmit

18
十八
astoņpadsmit

19
十九
deviņpadsmit

20
二十
divdesmit

100
百
simts

1.000
千
tūkstotis

1.000.000
百萬
miljons

英語

angḷu

美式英語

amerikāṇu angḷu

普通話

ķīniešu mandarīnu valoda

印地語

hindi

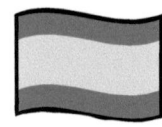

西班牙語

spāṇu

法語

franču

阿拉伯語

arābu

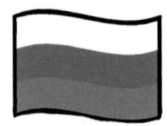

俄語

krievu

葡萄牙語

portugāḷu

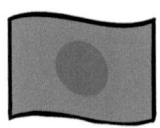

孟加拉語

bengāḷu

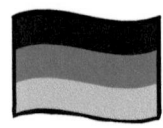

德語

vācu

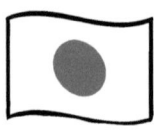

日語

japāṇu

我
es

你
tu

他/她/它
viņš / viņa

我們
mēs

你們
jūs

他們
viņi / viņas

誰？
kas?

什麼？
ko?

如何？
kā?

何處？
kur?

何時？
kad?

名字
vārds

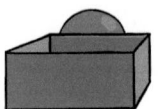

後面

aiz

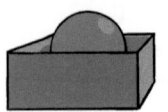

裡面

iekšā

前面

priekšā

上方

virs

上面

uz

下麵

zem

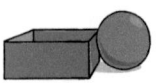

旁邊

blakus

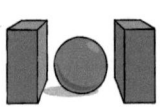

中間

starp

地點

vieta